AUTORES:

JOSÉ MARÍA CAÑIZARES MÁRQUEZ
CARMEN CARBONERO CELIS

COLECCIÓN: MANUALES PARA PADRES SOBRE ACTIVIDAD FÍSICA, SALUD Y EDUCACIÓN EN LOS NIÑ@S

CUIDADO DEL CUERPO, AUTONOMÍA Y AUTOESTIMA EN TU HIJO

COLECCIÓN MANUALES PARA PADRES SOBRE ACTIVIDAD FÍSICA, SALUD, Y EDUCACIÓN EN LOS NIÑ@S

CUIDADO DEL CUERPO, AUTONOMÍA Y AUTOESTIMA EN TU HIJO

José Mª Cañizares Márquez

- Catedrático de Educación Física
- Tutor del Módulo del Practicum del Master de Secundaria
- Especialista en preparación de opositores
- Autor de numerosas obras sobre Educación y Preparación Física

Carmen Carbonero Celis

- D. E. A. en Instituciones Educativas
- Licenciada en Pedagogía
- Maestra de Primaria y Secundaria en centros de Educación Compensatoria
- Didacta del Módulo de Pedagogía General en el CAP
- Profesora de Pedagogía Terapéutica en Centro Educación Primaria
- Autora de varias obras sobre Educación Primaria y Secundaria

Título:	CUIDADO DEL CUERPO, AUTONOMÍA Y AUTOESTIMA EN TU HIJO
Autores:	José Mª Cañizares Márquez y Carmen Carbonero Celis
Editorial:	WANCEULEN EDITORIAL

Sello Editorial: WM EDICIONES

Dirección **Web:** www.wanceuleneditorial.com, www.wanceulen.com,

Email: info@wanceuleneditorial.com

I.S.B.N. (PAPEL): 978-84-9993-558-4

I.S.B.N. (EBOOK): 978-84-9993-582-9

©Copyright: WANCEULEN S.L.

Primera Edición: Año 2017

Impreso en España

WANCEULEN S.L. C/ Cristo del Desamparo y Abandono, 56   41006 SEVILLA

Reservados todos los derechos. Queda prohibido reproducir, almacenar en sistemas de recuperación de la información y transmitir parte alguna de esta publicación, cualquiera que sea el medio empleado (electrónico, mecánico, fotocopia, impresión, grabación, etc), sin el permiso de los titulares de los derechos de propiedad intelectual. Cualquier forma de reproducción, distribución, comunicación pública o transformación de esta obra solo puede ser realizada con la autorización de sus titulares, salvo excepción prevista por la ley. Diríjase a CEDRO (Centro Español de Derechos Reprográficos, www.cedro.org) si necesita fotocopiar o escanear algún fragmento de esta obra.

INDICE

INTRODUCCIÓN 7

1. LA SALUD Y LA CALIDAD DE VIDA. 9

2. HÁBITOS Y ESTILOS DE VIDA SALUDABLES EN RELACIÓN CON LA ACTIVIDAD FÍSICA. 10

    2.1. El estilo de vida saludable. 12

    2.2. Modelos de Educación Física Salud. 12

    2.3. La actividad física saludable y sus efectos psicofísicos. 13

    2.4. Relación del currículo de educación física con la creación de hábitos y estilos de vida saludables. 15

3. EL CUIDADO DEL CUERPO. 18

4. AUTONOMÍA Y AUTOESTIMA. 24

    4.1. Autonomía. 25

    4.2. Autoestima. 26

CONCLUSIONES 28

BIBLIOGRAFIA 28

WEBGRAFÍA 33

INTRODUCCIÓN.

Que la Educación Física es un medio indispensable para mejorar la salud e higiene corporal es un hecho evidente para todos los teóricos desde la Grecia Antigua hasta la actualidad, incluso algunos como Galeno, Aristóteles o Mercurial entienden que son sus únicos objetivos, por lo que la colocan junto a la Medicina (Fernández García -coord.-, 2002).

Salud y ejercicio físico constituyen un binomio indisociable que otorga una significación incuestionable a la labor educativa del especialista en Educación Física y justifica la presencia de esta materia dentro del currículum (Rodríguez García, 2006). La Educación Física en particular persigue, entre otros **objetivos**, mejorar los hábitos de higiene y salud de la población. Precisamente, Navarro (2007), destaca el enfoque de la salud como una de las características de las últimas tendencias en la Educación Física de finales de siglo XX e inicio del siglo XXI.

"La adquisición de hábitos de vida saludable que favorezcan un adecuado bienestar físico, mental y social", así como *"la utilización responsable del tiempo libre y del ocio, así como el respeto al medio ambiente"*, son capacidades prioritarias a conseguir durante la etapa (D. 97/2015).

La Constitución Española de 1978 recoge que es **obligación** de los poderes públicos fomentar la educación sanitaria, la educación física y el deporte, la utilización adecuada del ocio, la prevención, el tratamiento y la rehabilitación e integración de los discapacitados físicos, sensoriales y psíquicos, y, en suma, la **promoción** del bienestar y la calidad de vida de la población en general. La Ley 10/1990 de 15 de octubre, del Deporte, reconoce a la actividad físico-deportiva como "*elemento fundamental del sistema educativo y cuya práctica es importante en el mantenimiento de la salud del individuo*". El R. D. 126/2014 recoge estos temas para **impartirlos** en la Educación Obligatoria y Post-Obligatoria.

La actividad física contribuye a mejorar la **salud** física y psíquica de quien la realiza porque favorece la función de los distintos sistemas corporales y reduce la probabilidad de enfermedades cardiovasculares y degenerativas. Ahora bien, mal dirigida supone un riesgo serio, como también lo es un inadecuado cuidado del cuerpo, la falta de higiene corporal o de los espacios utilizados, etc. De ahí que desde nuestro ámbito debamos incidir en la práctica de **hábitos** saludables y en el cuidado del cuerpo.

Conocimiento, control y coordinación corporal hacen al individuo más **autónomo** y aumenta su capacidad de **autoestima**.

1. LA SALUD Y LA CALIDAD DE VIDA.

"*La salud es la situación de equilibrio físico y mental que permite el desarrollo de las capacidades de las personas en su ambiente natural y social, de forma que puedan trabajar productivamente y participar activamente en la vida social de la comunidad donde viven*" (O. 10/08/2007 por la que se desarrolla el currículo correspondiente a la E. S. O. en Andalucía). Es decir, el estado en el que el ser orgánico ejerce habitualmente todas sus funciones de forma eficaz. Esto implica tanto el funcionamiento normal del organismo como la ausencia de cualquier enfermedad física o psicológica. La acepción clásica de salud se construye en contraposición al de enfermedad y hoy día es un concepto **dinámico** (Fernández García -coord.-, 2002).

Calidad de vida "*es el conjunto de condiciones materiales y espirituales que determinan el bienestar efectivo de las personas, sus posibilidades, sus perspectivas individuales y su lugar en la sociedad*" (Zagalaz, Cachón y Lara, 2014).

Sánchez Bañuelos (1996) aporta el concepto "*calidad de los años vividos*", que se refiere a los años que una persona es autónoma, está libre de enfermedades crónicas y puede disfrutar de la vida.

La O.M.S. en su Congreso Constituyente de 1948, propuso la definición de salud como "*el estado de completo bienestar físico, mental y social y no solamente la ausencia de afecciones o enfermedades*" (Rosillo, 2010).

Más tarde, el mismo Organismo en su manifiesto "Salud para todos en el año 2000", dice que el objetivo prioritario para todos los países del mundo debe ser que "*tengan un nivel de salud suficiente para poder trabajar productivamente y participar de forma activa en la vida social*" (Zagalaz, Cachón y Lara, 2014). En 2004, indica que la actividad física es cualquier movimiento corporal producido por los músculos esqueléticos que exija gasto de energía y, aplicado con intensidad adecuada, mejora la salud del individuo. En cambio, la inactividad física es un gran factor de riesgo (Zagalaz, Cachón y Lara, 2014).

Por otro lado, Devís y Peiró (2001), destacan a "*las nuevas ideas sobre la salud dirigidas a la promoción de ambientes y estilos de vida activos*".

La salud es un elemento fundamental para el pleno desarrollo de la persona y de la sociedad. Precisamente, uno de los medios con que cuenta el ser humano para incrementar su estado de salud es la actividad física sistemática (Fernández García -coord.-, 2002).

La sociedad demanda una educación física escolar que fomente la salud, que dote de los conocimientos y actitudes necesarios para una adecuada práctica de actividad física, y que consiga la incorporación de ésta a la vida cotidiana.

Garoz y Maldonado (2004), ven la salud como algo más que la ausencia de enfermedad, relacionándola con aspectos que suponen una mayor potenciación de las capacidades del individuo y una mejor calidad de vida: las capacidades cognitivas, las sensaciones de bienestar, la autoconfianza y autoestima.

Zagalaz, Cachón y Lara (2014), **engloban** en "salud" a la de tipo físico Funcionamiento orgánico), psíquico, mental o emocional (equilibrio psicológico de la persona) y a la salud social (relacionarse, compartir y cooperar con los demás).

La salud de la ciudadanía en **general** depende de varios parámetros. Habitualmente los relacionamos en factores medioambientales, factores biológicos, estilo de vida y sistema asistencial (Arufe y otros, 2008).

Las personas deben conocer desde la **infancia** todo lo referente a cuestiones higiénicas individuales, la fisiología de su propio cuerpo, la influencia de la actividad física y de una alimentación correcta (Navas, 2001).

El R. D. 126/2014 indica que "*la adopción de hábitos saludables es muy importante tener en cuenta que se estima que hasta un 80% de niños y niñas en edad escolar únicamente participan en actividades físicas en la escuela, tal y como recoge el **informe Eurydice**, de la Comisión Europea de 2013; por ello la Educación Física en las edades de escolarización debe tener una presencia importante en la jornada escolar si se quiere ayudar a paliar el sedentarismo, que es uno de los factores de riesgo identificados, que influye en algunas de las enfermedades más extendidas en la sociedad actual*".

2. HÁBITOS Y ESTILOS DE VIDA SALUDABLES EN RELACIÓN CON LA ACTIVIDAD FÍSICA.

Los **hábitos** son disposiciones que tenemos para actuar de un modo concreto bajo determinadas circunstancias; son patrones de conducta compuestos por las habilidades y conocimientos que tenemos, así como la actitud.

Estilo de vida saludable significa tener un conjunto de patrones de conducta relativamente estables que son beneficiosos para la salud, es decir, adoptar una serie de rutinas de comportamiento, entre ellas las relacionadas con la práctica metódica de la actividad física (Garoz y Maldonado, 2004).

Actividad física es cualquier movimiento o un conjunto de ellos, realizados con el cuerpo, producidos por el músculo esquelético y que lleva parejo un gasto energético (Delgado y Tercedor, 2002). La "inactividad", en cambio, se relaciona con problemas de salud: respiratorios, cardiacos, articulares, etc. (Zagalaz, Cachón y Lara, 2014).

El término **salud** ha ido evolucionando, como se desprende de su progresión conceptual en el seno de la O.M.S. (Márquez y Garatachea 2010).

Históricamente, nos podemos remontar las Primeras Civilizaciones, por ejemplo China, donde la actividad física tiene un carácter higiénico y curativo; Grecia generó el concepto "areté" que combina la fuerza física con el vigor y la salud corporal. En Roma, Galeno, recomienda la práctica de la actividad física como medio preventivo de la enfermedad. Durante el Renacimiento, Mercurialis, redescubre la antigua gimnástica con el sentido médico e higiénico que Galeno le dio siglos atrás.

Durante la Ilustración, Rousseau, en su libro "Emilio", presenta los ejercicios físicos como base para la educación integral y para la salud.

Por otro lado Escuelas, como la Sueca de P. Ling, se basa en la gimnasia correctiva e higiénica y los Movimientos, como el de Centro, tiene como objetivo prioritario "la salud del cuerpo y su desarrollo físico".

A partir de la década de los ochenta del pasado siglo surgió en nuestro país el movimiento "fitness", de procedencia anglosajona, con la actividad física para adultos y el auge en el cuidado del cuerpo. En los noventa aparecieron los movimientos educativos hacia la salud a través de los DD. CC., así como las políticas sociales y los planes de salud pública. Prueba de ello lo tenemos en el excesivo gasto sanitario, que llevó a la Administración a variar su discurso a favor de la promoción de la salud y del cuidado del cuerpo, legislando en contra de determinadas "drogas sociales" (Delgado y Tercedor, 2002).

El "**Movimiento social hacia la salud**" (Delgado, Delgado y Tercedor, 2008b), que surge a partir de los años 80 del siglo XX, dura hasta la actualidad. Nace un tanto en contraposición al Movimiento Fitness y como consecuencia de las pautas del currículo LOGSE. Hay una preocupación en grandes masas poblacionales hacia la actividad física saludable, no competitiva; hacia la alimentación sana; las actividades deportivas en el tiempo extraescolar, etc. Se busca que el alumnado domine una serie de juegos para hacer en su tiempo de ocio y vacacional y, por tanto, crear **hábitos** y estilos saludables. Está muy presente en la **escuela actual** a través de los elementos curriculares. En esta misma línea, podemos encuadrar los programas de ayuntamientos y otros organismos en la organización de eventos regulares (talleres de gimnasia, de juegos populares, "Thai Chi", planes para un "envejecimiento activo y saludable", etc., así como manifestaciones multitudinarias como los "paseos, carreras y rutas populares en bicicletas", fiestas deportivas, etc. (Navarro, 2007). A diario podemos comprobar también cómo cientos de personas realizan estas mismas actividades saludables de forma individual o en pequeños grupos. En Andalucía, a partir de 2008 van tomando cada vez más importancia los paseos en bicicleta aprovechando la construcción masiva en pueblos y ciudades de carriles-bici. Muchas de estas nuevas vías se acompañan con instalaciones complementarias en parques tales como los "**circuitos biosaludables**", es decir, máquinas de acondicionamiento, como la de los gimnasios, accesibles a mayores para que éstos puedan movilizar sus articulaciones.

El programa "**Por un millón de pasos**" es un proyecto de la C. de Salud dirigido a promover la actividad física y las relaciones asociativas entre las personas participantes mediante una tarea colaborativa ¿Sois capaces de dar, al menos, un millón de pasos en un mes, mediante la suma de los pasos de todas las personas participantes y medidos mediante podómetro o cualquier otro medio? Este es el reto que se lleva a cabo en más de 100 localidades andaluzas, con la participación de más de 800 asociaciones, colectivos y grupos escolares. Destaca por ser una actividad **cooperativa,** compartida y **no competitiva**. La meta de la actividad no está en quien da más pasos, sino lograr vencer un **reto** mediante el esfuerzo de todos los participantes, a los que integra y se adapta. Además, muy motivadora y fácilmente evaluable.

El ejercicio físico para la salud comienza a ser una entidad particular, paralela al deporte de rendimiento, sobre la que se desarrollan numerosos estudios científicos con el fin de dilucidar los efectos que genera en la salud y los mecanismos por los que actúa. En este contexto, el ejercicio físico pasa a ser una importante estrategia de salud, tanto personal como colectiva (Fernández García, 2011).

Los **hábitos** de seguridad y práctica en la actividad física, alimentación, higiene corporal y postural, relajación, respiración, creación de hábitos saludables... son temas de **actualidad** que se encuentran frecuentemente en la **opinión pública**. Es más, la práctica **indiscriminada** de actividad física (carreras, prácticas ciclistas, etc.) acarrean numerosos problemas en la salud personal (Sarasúa, 2010).

Hoy el modelo escolar apuesta por la educación física-salud y por la creación de hábitos saludables desde edades tempranas (López Miñarro, 2010). La llamada "Educación Física Rendimiento" dejó paso, al final de la década de los ochenta, a la "Educación Física Salud".

No olvidemos que uno de los problemas que nos encontramos es el **sedentarismo**, apoyado por el "boom" que supone la utilización de las TIC como contenido del tiempo libre del alumnado.

El estilo de vida sedentario es uno de los mayores factores de riesgo para la salud en las sociedades occidentales, ya que existe mucha relación entre aquél y ciertas enfermedades crónicas muy generalizadas hoy día: hipertensión, obesidad, trastornos cardiovasculares, colesterol elevado, etc. (Calderón, 2012).

La influencia **sociocultural** sobre los estilos de vida saludables es un debate actual. Garoz y Maldonado (2004), destacan el papel de la actividad lúdica como mecanismo de transmisión cultural, así como la influencia de los entornos inmediatos del alumnado: familia, normas sociales, ideologías de género, clima, tradiciones, etc.

No obstante, determinadas creencias pueden acarrear problemas de salud, porque tienen una acción directa o indirecta sobre el organismo, al que someten a situaciones de peligro. Por ejemplo, el consumo excesivo de proteínas, dietas milagrosas, etc. Muchos mensajes **publicitarios** favorecen este concepto (López Miñarro, 2002).

2.1. EL ESTILO DE VIDA SALUDABLE.

Estilo de vida saludable significa tener un conjunto de patrones de conducta relativamente estables que son beneficiosos para la salud, es decir, adoptar una serie de rutinas de comportamiento, entre ellas las relacionadas con la práctica metódica de la actividad física (Garoz y Maldonado, 2004).

Se trata de un tema complejo y multifactorial donde intervienen multitud de aspectos. Mendoza, Sagrera y Batista (1994), apuntan a las propias características **individuales**, a las del entorno **microsocial** (vivienda, familia, amigos, ambiente, etc.), a los factores **macrosociales** (sistema social, cultura, instituciones oficiales, medios de comunicación, etc.), y hasta al **medio** físico geográfico.

Delgado y Tercedor (2002), indican que los cambios sociales, políticos y económicos marcan las variaciones en el estilo de vida, sobre todo en los jóvenes, ya que su personalidad, valores y hábitos tienden a formarse durante su proceso de maduración y socialización.

2.2. MODELOS DE EDUCACIÓN FÍSICA SALUD.

La integración de la salud en la escuela comienza a finales del siglo XIX, con las orientaciones del llamado "movimiento higienista", generado al amparo de la industrialización y las aglomeraciones humanas en las grandes ciudades (Rodríguez García, 2006).

Un "**modelo**" es un punto de **referencia**, a veces teórico, para imitarlo. En nuestra sociedad existen varios **modelos** que relacionan la educación/actividad física con la salud (Delgado, Tercedor y Torre, 2008a). Devís y Peiró (2001) y Delgado y Tercedor (2002), entre otros, destacan tres grandes modelos que responden a otras formas distintas de entender el papel de la salud dentro de la educación física (Garrote y Legido, 2005):

- **M. Médico.-** Se basa en las Ciencias Biomédicas y entiende a la salud como ausencia de enfermedad, prevención y rehabilitación. Realización segura y correcta de ejercicios.

- **M. Socio-crítico**.- Establecido en la Pedagogía Social. La salud es una **construcción social** donde se realizan acciones para crear **ambientes** saludables. **Crítica** social e ideológica ante la falta de inversión en infraestructuras deportivas en las llamadas "barriadas obreras". Se apoya en una teoría crítica de la cultura física, del rol que juegan el propio cuerpo, el ejercicio, deporte, sexo, salud, estilo de vida, y su uso en el consumismo y en el individualismo, la autonomía, la independencia o la igualdad de oportunidades.

- **M. Psico-educativo**.- Asentado sobre las ciencias Psicológicas y Deportivas. La salud como responsabilidad individual y el cambio en el **estilo de vida** (Contreras y García, 2011). La escuela debe ser promotora de hábitos saludables (Timón y Hormigo, 2010). El Decreto 328/2010, por el que se aprueba el Reglamento Orgánico de los centros, contempla *"la prevención de riesgos y la promoción de la seguridad y la salud como parte del Plan de Centro, integrando estos aspectos en la organización y gestión del centro y como factor de calidad de la enseñanza"*.

- **M. de la perspectiva holística**.- Surge como integración de los anteriores. Del modelo médico, la seguridad y realización correcta de las actividades. Del psico educativo, decidir y planificar el estilo de vida activo y del socio crítico el tratamiento de la problemática sociocultural en el contexto de la actividad física y la salud.

Devís -coor.- (2000), identifica tres grandes **perspectivas** de relación entre la actividad física y la salud: rehabilitadora, preventiva y de bienestar.

Desde un punto de vista eminentemente educativo, la actividad físico-deportiva es positiva para la salud, pero no hay que olvidar que un **exceso** de la misma puede causar daño, hecho evidenciado, por ejemplo, en las lesiones agudas producidas por una **inadecuada práctica** física, o por el envejecimiento prematuro que se produce en el organismo de los deportistas de elite, dado el alto grado de exigencia al que someten su cuerpo. Por ello debe ser diferenciado el desarrollo de la condición física necesaria para el rendimiento respecto al necesario para la **salud** (De la Cruz, 1989a).

2.3. LA ACTIVIDAD FISICA SALUDABLE Y SUS EFECTOS PSICOFÍSICOS.

Las actividades físicas contribuyen decisivamente al desarrollo integral de niñas y niños. Son una de las claves de su desarrollo intelectual, afectivo-emocional y social. Asimismo, produce efectos positivos en los órganos y sistemas corporales, reduciendo los factores de riesgo para la salud (Fernández García, 2002).

Uno de los motivos por el que las personas desean realizar prácticas deportivas es porque entienden que éstas favorecen la salud (Gil, 2003).

Debemos tender hacia una actividad física moderada y recreativa, huyendo de modelos relacionados con el deporte-rendimiento (Devís, -coor.- 2000).

La educación física escolar y los programas de iniciación y perfeccionamiento deportivos son decisivos para la promoción de la actividad física en niños y adolescentes (Casimiro, 2002). Pero este dinamismo debe significar una experiencia satisfactoria para el alumnado, desarrollando actitudes positivas hacia la actividad y hacia la creación de hábitos más activos y saludables, fomentando la participación de todos, sin distinción, alejándose de la búsqueda de rendimiento, pero dotándolos de una base que le permitan una mayor autonomía en su práctica (Garoz y Maldonado, 2004).

Los juegos populares y tradicionales mejoran varios aspectos muy importantes en nuestra área, como son los perceptivos, coordinativos y la **condición física-salud**, además de los relacionados con los psico-sociológicos (Lavega y otros, 2010). En cualquier caso, no todos los juegos son recomendables debido a ciertos **riesgos** que debemos evitar (Herrador, 2015).

Para la elaboración de este punto nos basamos, fundamentalmente, en Naranjo y Centeno (2000), Barbany, (2002), Lloret (2003), Gómez Mora (2003), Torres (2005), Garrote y Legido (2005), Piñeiro (2006a), Piñeiro (2006b), Rodríguez García (2006), Pastor -coor.-(2007), Arufe y otros (2008), Márquez y Garatachea (2010), Contreras y García (2011), Rosillo (2010), Fernández del Olmo (2012), Calderón (2012), López Chicharro y otros (2013) y Gutiérrez (2015).

- **Efectos psico-sociales**

    o Mejora la participación en actividades, comunicación con los demás, la integración en grupos sociales, etc. Actitud de responsabilidad, integración y cooperación con los demás (Gómez, Puig y Maza, 2009).
    o Responsabilidad ante obligaciones con el grupo. Nos enseña a asumir normas y responsabilidades.
    o Nos enseña a aceptar y superar las derrotas.
    o Efectos antidepresivos.
    o Estimula el afán de trabajo en equipo.
    o Estimula la participación e iniciativa personal.
    o Mejora el equilibrio psíquico y aumenta la capacidad de abstracción.
    o Favorece la autoestima. Mejora la imagen corporal.
    o Disminución de las tensiones personales y estrés. Canaliza la agresividad.
    o Previene el insomnio y regula el sueño.

- **Efectos sobre el sistema cardiovascular**

    o Mejora la circulación coronaria, evitando la concentración de grasa en sus paredes. Previene la obesidad y enfermedades coronarias.
    o Mayor volumen cardiaco y menor frecuencia en reposo.
    o Menor incremento de la frecuencia mediante el ejercicio moderado.
    o Retorno más rápido de la frecuencia y de la presión sanguínea a la normalidad.
    o Mayor utilización del oxígeno de la sangre y tensión arterial más baja.

- **Efectos sobre el sistema respiratorio**

    o Los músculos respiratorios son más eficaces y mejora la difusión de los gases.
    o Aumenta el volumen respiratorio máximo por minuto y la capacidad vital.
    o Descenso en la frecuencia y un aumento en la profundidad respiratoria.

- **Efectos sobre el sistema nervioso**

    o Aumento de la capacidad **reguladora** del sistema vegetativo (vagotonía del entrenado), con economía en los procesos metabólicos.

    o Mejora la rapidez en la conducción de estímulos a través de las fibras motrices.

    o Se perfeccionan los mecanismos de producción de impulsos y la coordinación de movimientos.

- **Efectos sobre el aparato locomotor**

    o Modificaciones en las estructuras de los huesos e hipertrofia de las masas musculares.

    o El aumento del número de capilares y del tamaño de la fibra, va acompañado de un progreso importante de fuerza.

- **Efectos sobre la sangre**

    o Se crea un sistema estabilizador evitando la excesiva concentración de ácidos.

En el lado opuesto debemos señalar determinados "**mitos**" y falsas creencias donde suelen caer nuestros escolares, por ejemplo, consumir azúcar antes de hacer actividad física, ponerse prendas plásticas para sudar y perder peso, no realizar calentamiento o relajación, etc.

2.4. RELACIÓN DEL CURRÍCULO DE EDUCACIÓN FÍSICA CON LA CREACIÓN DE HÁBITOS Y ESTILOS DE VIDA SALUDABLES.

Establecemos la relación a través de los siguientes puntos:

a) **Aspectos generales**.

Alrededor del concepto sobre salud nace la educación para la salud, entendida como un proceso de información y responsabilidad del individuo, con el fin de adquirir hábitos, actitudes y conocimientos básicos para la defensa y la promoción de la salud **individual** y **colectiva** (Rodríguez García, 2006). Por lo tanto esta idea no es nueva, educación física-salud mantienen una relación histórica y ésta se acentúa significativamente a partir del currículo LOGSE -y se refrenda en el de la L. O. E. y L. E. A y LOMCE, no sólo por la alusión que hace a las CC. CLAVE, objetivos y contenidos del Área de Educación Física, sino por los de la propia Etapa, otras áreas y Temas Transversales (Garoz y Maldonado, 2004).

Es sabido que la educación para la salud es una tarea multidisciplinar, pero también debe involucrarse la propia familia a través de las A. M. P. A. (Rodríguez García, 2006). "*La educación para la salud es uno de los caminos más adecuados si se pretende instaurar en los niños de infantil, primaria y secundaria unos hábitos y un estilo de vida saludable*" M.E.C. y M. S. (2009).

En Andalucía, la O. 17/03/2015, indica en su Introducción que "*Proporcionar un estilo de vida saludable es un elemento esencial del área de Educación física. Es cierto que son muchos los beneficios que genera la sociedad del conocimiento, pero también ha sido pródiga en costumbres poco saludables desde la infancia, donde el sedentarismo y la obesidad pueden llegar a convertirse en problemas graves para la salud. Desde esta perspectiva, la Educación física ha de tratar de mantener el equilibrio entre actividad y reposo haciendo que la máxima "mens sana in corpore sano" siga teniendo validez. Por ello, la Educación física se debe centrar en plantear propuestas para el desarrollo de planos competenciales relacionados con la salud, y que tendrían como finalidad tanto la adquisición de hábitos saludables en virtud a una práctica regular de actividades físicas como una actitud crítica ante aquellas prácticas sociales ya asentadas o emergentes que resulten perjudiciales. Se trata de que cada alumna o alumno adquieran hábitos saludables que posibiliten sentirse satisfechos con su propia identidad corporal, la cual será vehículo de expresión y comunicación consigo mismo y con los demás".*

En cualquier caso, no debemos olvidar lo expresado por la LOMCE/2013, en su disposición adicional cuarta sobre "**promoción de la actividad física y dieta equilibrada**". "Las administraciones educativas adoptarán medidas para que la actividad física y la dieta equilibrada formen parte del comportamiento infantil y juvenil. A estos efectos, dichas Administraciones promoverán la **práctica diaria de deporte y ejercicio físico** por parte de los alumnos y alumnas durante la jornada escolar, en los términos y condiciones que, siguiendo las recomendaciones de los organismos competentes, garanticen un desarrollo adecuado para favorecer una **vida activa, saludable y autónoma**. El diseño, coordinación y supervisión de las medidas que a estos efectos se adopten en el centro educativo, serán asumidos por el **profesorado con cualificación** o especialización adecuada en estos ámbitos".

La propia Junta de Andalucía desarrolla regularmente programas dirigidos a la promoción de la salud en las escuelas. Por ejemplo "Aprende a Sonreír", "Aldea", "Mira", etc.

b) CC. Clave

Competencias sociales y cívica, por cuanto la Educación física ayuda a entender, desarrollar y poner en práctica la relevancia del ejercicio físico y el deporte como medios esenciales para fomentar un estilo de vida saludable que favorezca al propio alumno, su familia o su entorno social próximo. Se hace necesario desde el área el trabajo en hábitos contrarios al sedentarismo, consumo de alcohol y tabaco, etc. La competencia social se relaciona con el bienestar personal y colectivo. Exige entender el modo en que las personas pueden procurarse un estado de salud física y mental óptimo, tanto para ellas mismas como para sus familias y para su entorno social próximo, y saber cómo un estilo de vida saludable puede contribuir a ello.

El área también contribuye en cierta medida a la adquisición de la **competencia en comunicación lingüística**, ofreciendo gran variedad de intercambios comunicativos, del uso de las normas que los rigen y del vocabulario específico que el área aporta.

Competencia digital, ya que los medios informáticos y audiovisuales ofrecen recursos cada vez más actuales para analizar y presentar infinidad de datos que pueden ser extraídos de las actividades físicas, deportivas, competiciones, etc. El uso de herramientas digitales que permitan la grabación y edición de eventos (fotografías, vídeos, etc.) suponen recursos para el estudio de distintas acciones llevadas a cabo.

c) Objetivos de etapa.

Por su parte, el la O. 17/03/2015, indica en el **objetivo de Etapa** "k", *"valorar la higiene y la salud, aceptar el propio cuerpo y el de los otros, respetar las diferencias y* *utilizar la educación física y el deporte como medios para favorecer el desarrollo personal y social*".

d) Objetivos de área.
El **objetivo nº 3 y 4 son los más concretos** en pronunciarse sobre la salud:

O.EF.3. Utilizar la imaginación, creatividad y la expresividad corporal a través del movimiento para comunicar emociones, sensaciones, ideas y estados de ánimo, así como comprender mensajes expresados de este modo.

O.EF.4. Adquirir hábitos de ejercicio físico orientados a una correcta ejecución motriz, a la salud y al bienestar personal, del mismo modo, apreciar y reconocer los efectos del ejercicio físico, la alimentación, el esfuerzo y hábitos posturales para adoptar actitud crítica ante prácticas perjudiciales para la salud.

e) Contenidos.

El **Bloque de contenidos nº 2**, "*La Educación física como favorecedora de la salud*", que está constituido por aquellos conocimientos necesarios para que la actividad física resulte saludable, contenidos para la adquisición de hábitos de actividad física a lo largo de la vida, como fuente de bienestar.

f) Criterios de evaluación.

En el R.D. 126/2014 también encontramos referencias a la salud en los criterios de evaluación, por ejemplo: "*5. Reconocer los efectos del ejercicio físico, la higiene, la alimentación y los hábitos posturales sobre la salud y el bienestar, manifestando una actitud responsable hacia uno mismo*".

g) Estándares de aprendizaje.

En el R.D. 126/2014 aparecen estos estándares relacionados con la salud:

5.1. Tiene interés por mejorar las capacidades físicas.
5.2. Relaciona los principales hábitos de alimentación con la actividad física (horarios de comidas, calidad/cantidad de los alimentos ingeridos, etc.).
5.3. Identifica los efectos beneficiosos del ejercicio físico para la salud.
5.4. Describe los efectos negativos del sedentarismo, de una dieta desequilibrada y del consumo de alcohol, tabaco y otras sustancias.
5.5. Realiza los calentamientos valorando su función preventiva.

El D. 328/2010, de 13 de julio, por el que se aprueba el Reglamento Orgánico de los colegios de educación infantil y primaria, BOJA nº 139, de 16/07/2010, indica en su artículo 29 "*la prevención de riesgos y la promoción de la seguridad y la salud como bien social y cultural*".

Bernal -coord.- (2005), indica una serie de pautas a tener en cuenta el docente:

- Prever los riesgos durante las actividades propuestas.
- Conocer el estado inicial de cada escolar.
- Adecuarse a las peculiaridades de los mismos y no llegar a situaciones extremas.
- Revisar los recursos espaciales y materiales antes de su uso.
- Enseñarles a manipular los materiales.

- En cualquier sesión práctica no olvidar sus tres apartados y la relación entre el tiempo de trabajo y el de pausa.

Por otro lado, la utilización de TIC abre un abanico de posibilidades muy ricas, ofreciendo una motivación extra al alumnado (Archanco y García, 2006).

3. EL CUIDADO DEL CUERPO.

Cañizares y Carbonero (2006), lo enfocan a través de cinco apartados:

a) Higiene	b) Recursos personales	c) Nutrición
d) Desarrollo de actividades	e) Examen médico preventivo	

a) **Higiene**. El **término** proviene de la palabra griega "*higieinós*", que significa sano. Va más allá de la limpieza y comprende una serie de aspectos tales como ejercicio físico, alimentación o sueño. La higiene personal y del entorno es básica para mejorar la salud. Es importante que niñas y niños aprendan a valorar el hecho de la higiene como medida para el logro de un mayor bienestar personal y con los demás. Por lo tanto, padres y educadores, tenemos un papel fundamental en la adquisición de estos hábitos. Desde nuestra área y materia su influencia es grande para conseguir las rutinas de higiene personal, aunque debe extenderse a las demás del currículo. Tiene por objeto proteger y fortalecer la salud, así como mejorar el crecimiento y desarrollo de niñas y niños (Archanco y García, 2006). Siguiendo a Navas y otros (2001), así como a Delgado y Tercedor (2002), destacamos:

- Higiene de la **piel**, con ducha diaria y lavado de cabeza, sobre todo después de hacer deporte. Insistir en un buen secado. La sudoración excesiva y el conjunto de las células descamadas pueden llegar a producir maceración de la piel.

- Higiene **buco-dental**. Crear hábitos de cepillado de dientes tras cada comida o, al menos, una vez al día. Es conveniente aprender el manejo del hilo dental para retirar la suciedad entre los dientes. Huir de productos con azúcares refinados. El D. 230/07, entre otros, establece que debemos contribuir al desarrollo de la Educación para la Salud. El Programa de Promoción de la Salud Bucodental en el Ámbito Escolar, "Aprende a sonreír", para niños y niñas de Infantil y Primaria andaluces, supone incorporar elementos dinamizadores en la vida del centro educativo y recursos humanos y materiales motivadores en el aula que favorezcan. Citar la puesta en marcha del Decreto 281/2001, que garantiza a todos los niños y niñas de Andalucía, entre los 6 y los 15 años, una asistencia dental cuyo carácter es fundamentalmente preventivo y educativo, contemplando una más específica cuando sea necesaria.

- Higiene de la **nariz**, habida cuenta que el aire necesario para la ventilación durante la actividad física debe tener un buen caudal, temperatura, humedad y limpieza.

- También debemos crear hábitos en la limpieza de **oídos**, sobre todo cuando hay exceso de cerumen. En caso de observar un tapón avisar a la familia.

- Higiene de las **manos** cuando sea necesario, sobre todo tras la clase y siempre antes de comer o manipular alimentos, como sucede en la mayoría de los recreos. No olvidemos que se contaminan fácilmente y es un vehículo perfecto para la transmisión de microorganismos. También es necesario llamar la atención en el corte de uñas, al menos una vez a la semana, por ser un lugar de riesgo elevado.

- El lavado de **pies** y su completo secado para evitar la existencia de hongos, es muy necesario, como así mismo el corte de las uñas, pero siempre usando chanclas en vestuarios.

- La higiene **íntima** por toda la zona anal, genital e inguinal es esencial debido a la gran sudoración existente. Ante la existencia de rojeces y picores, consultar al médico.

- Insistir en el cambio diario de ropa, sobre todo de la interior, calcetines y la indumentaria deportiva, pero siempre rechazar el intercambio de ropa, peine, toalla, etc.

- Podemos incluir en este apartado la llamada "higiene **postural**", sobre todo en los escolares que pasan muchas horas del día sentados en unos pupitres que en muchas ocasiones no son los más apropiados. Lo importante es mantener la alineación fisiológica del raquis. Se considera postura corporal al tono de mantenimiento de la postura que se superpone al tono muscular de base, gracias a la actividad refleja del organismo que permite su control. De ahí que contemplemos una "**postura ideal**, es decir, aquella que tiene la mínima tensión y rigidez, al mismo tiempo que la máxima eficacia (Pazos y Aragunde, 2000). En las sesiones de nuestra área cuidaremos de la correcta ejecución de las actividades (Rodríguez, Santonja y Delgado 1999).

b) **Recursos personales**. Nos referimos a la ropa y el calzado que individualmente aporta cada escolar a la clase (Gil, 2006).

- El **calzado** debe ser bajo para evitar esguinces de tobillo y el acortamiento del músculo tríceps sural. Aconsejaremos las zapatillas de caña baja ya que facilitan la movilidad del tobillo y con suela antideslizante. Los calcetines deben ser de algodón. Las zapatillas de deporte se deberían usar exclusivamente para realizar ejercicio físico, debiendo disponer de calzado de calle para el resto de clases escolares. Así se evitan enfriamientos, desestabilizaciones de los arcos plantares y se facilita la circulación periférica de retorno tras el ejercicio físico, así como colonizaciones por hongos. La zapatilla se expondrá al sol para su secado y en la ducha se utilizará una chancla para evitar contagios (De la Cruz 1989b). Debemos poner atención en las modas que puedan constituir un peligro, por ejemplo, llevar los cordones sueltos.

- La **ropa** que en general se precisa es una camiseta de manga corta y unas calzonas. Deben ser de algodón y tienen como misión mantener la temperatura corporal, evitando las pérdidas excesivas de calor cuando el clima es frío, además de servir de protección contra el viento y sol (Navas y otros, 2001). Las de poliéster y otras de fibras artificiales suelen dificultar la sudoración y pueden producir rozaduras e incluso alergias. En caso de sol puede ser preciso hasta llevar gorra y, si además hace calor, humedecerse la cabeza, cuello y muñecas. En caso de clima frío, usar chándal, guantes e, incluso, gorro. Si se realizan prácticas de fútbol, balonmano, etc. es necesario disponer de las prendas de protección adecuadas, como rodilleras, coderas, etc. (De la Cruz 1989b). Debemos evitar relojes, anillos, pulseras, piercing y sus variantes, así como las modas al uso que puedan suponer un riesgo, por ejemplo, pantalones con varias tallas más o zapatillas sin amarrar. Es conveniente aportar toalla individual para la ducha tras la sesión, así como una muda.

c) **Nutrición**. Es una necesidad orgánica y vital para cualquier persona, más aún si practica actividad física (Urdampilleta y Rodríguez, 2014). El binomio alimentación-deporte guarda una estrecha relación con el rendimiento deportivo, equilibrando el gasto con la ingesta, para disminuir la sensación de agotamiento, si bien en un ámbito eminentemente educativo no tiene demasiada importancia (García Soidán y Peraza, 2009).

Es el conjunto de procesos involuntarios por el cual nuestro organismo recibe, transforma y usa las sustancias químicas contenidas en los alimentos (Gómez Mora, 2003). Gracias a la nutrición disponemos de los siguientes procesos:

- La termorregulación y el mantenimiento del metabolismo basal
- Crecimiento y reparación de los tejidos
- Predominio anabólico sobre el catabólico, es decir, la energía procedente de la nutrición debe de exceder a la energía consumida en el mantenimiento de la vida y en la actividad del sujeto (Ribas y col., 1997)

- Hay seis **tipos de nutrientes**, cada uno con una finalidad específica (Guillén y otros, 2009):

Carbohidratos	Lípidos o grasas	Proteínas
Vitaminas	Minerales	Agua

También Bernal (2005) cita a Dosil (2003) que aporta otro tipo clasificatorio de nutrientes:

- Macronutrientes (hidratos, proteínas y grasas).
- Micronutrientes (vitaminas y minerales).

- La dieta debe estar compuesta por (Urdampilleta y Rodríguez, 2014):

55-60 % de Carbohidratos	20-25% de Grasas	12-15% de Proteínas

No podemos dejar de mencionar los beneficios de la "**dieta mediterránea**", basada en el consumo de pan y pasta como fuente de carbohidratos; aceite de oliva como proveedor de grasas; pescado, ave, huevos y lácteos como aportadores de proteínas y a la ingesta de frutas, hortalizas, legumbres, verduras y frutos secos que nos aportan fibras y antioxidantes (Márquez y Garatachea, 2010).

La mala nutrición siempre trae malas consecuencias, tanto por exceso, como por defecto o el habitual desequilibrio dietético. La obesidad es un problema de primer orden en los países industrializados (Ruiz Fernández, 2006). En la actualidad la obesidad infantil es considerada una epidemia mundial (países desarrollados) y la O. M. S. lo reconoció en 2002.

La Comunidad Europea lanzó en 2005 la Plataforma Europea para la acción sobre la dieta, la actividad física y la salud. En España, ese mismo año, el M. de Sanidad y Consumo hace pública la *"Estrategia Naos": Invertir la tendencia de la obesidad. Estrategia para la nutrición. Actividad física y prevención de la obesidad.* En este sentido, el M. de Salud recomienda en 2012 al M. de Educación que todos los escolares realicen a diario una hora de actividad física-deportiva dado el número alarmante de jóvenes con sobrepeso, que el propio ministerio cifra en un 45% de la población infantil. Un compromiso importante del sector empresarial es la puesta en marcha del Código de autorregulación de la publicidad de alimentos dirigida a menores, prevención de la obesidad y salud (Código PAOS). Ha sido suscrito por las 35 mayores empresas alimentarias españolas, que representan más del 75% de la inversión publicitaria en el sector.

En Andalucía, el problema de la obesidad se abordó con la formulación del Plan para la Promoción de la Actividad Física y Alimentación Equilibrada 2004-2008, que se ocupa de la obesidad, malos hábitos alimenticios, control del peso y actividad física (Ruiz Fernández, 2006). Citar la Orden de 18 de mayo de 2007, por la que se convoca el IV Certamen de Programas sobre promoción de la Actividad Física y la Alimentación Equilibrada, B. O. J. A. de 08/06/ 2007.

También debemos reseñar el Plan PERSEO, programa piloto escolar de referencia para la salud y el ejercicio contra la obesidad. Consiste en detectar casos de obesidad infantil, promover la adquisición de hábitos alimenticios y saludables, así como la actividad deportiva. La Comunidad Autónoma de Andalucía y otras más se han adherido a él.

En cuanto a las comidas que se ofrecen en los comedores escolares, la O. de 03/08/2010, por la que se regulan los servicios complementarios de la enseñanza de aula matinal, comedor escolar y actividades extraescolares en los centros docentes públicos, así como la ampliación de horario (BOJA núm. 158 de 12 de agosto), indica que deberá ser "sana y equilibrada".

En marzo de 2011 se aprueba la **Ley de Seguridad Alimentaria**. Uno de sus objetivos es prohibir en centros escolares alimentos y bebidas que favorezcan la obesidad infantil. Alude también a los menús escolares ya que los centros deberán informar a las familias sobre los nutrientes y calorías de los menús. Prohíbe en los centros cualquier tipo de publicidad de estos tipos de alimentos y bebidas.

Zagalaz, Cachón y Lara (2014), indican que la **actividad física** escolar moderada, junto a una buena alimentación, evitaría gran parte de los problemas de sobrepeso actuales, si bien también es necesario el **apoyo de las familias**.

Por último, aconsejar la reposición hídrica, sobre todo en ciertas zonas de Andalucía durante los dos últimos meses del curso (Gómez Mora, 2003).

d) **Desarrollo de actividades**. Antes que el grupo comience el trabajo práctico diario debemos tener en cuenta una serie de atenciones para evitar problemas que afecten a la **seguridad corporal** (Pino y Romo, 2009). Aquí incluimos la higiene de los espacios, el material deportivo específico, el horario, la metodología, las ayudas, el respeto a las diferencias individuales y cómo evitar los riesgos corporales (Devis y Peiró, 1992; Delgado y Tercedor, 2002; Delgado y cols. 2004), Zagalaz, Cachón y Lara (2014) y Herrador (2015).

1.- **Higiene y seguridad de los espacios**.

- Es elemental eliminar las irregularidades del suelo o de los objetos potencialmente dañinos (vidrios, piedras, charcos, zonas de barro, etc.), así como los herrajes o desperfectos de porterías, vallas, barandas, canastas, etc., que supongan un riesgo. Poner mucha atención a suelos resbaladizos y húmedos (Rivadeneyra, 2003).

- Las zonas de paso o carrera deben estar expeditas de objetos con los que se pudiera tropezar. Los vestuarios son para utilizarlos y debemos erradicar la costumbre de cambiarse de ropa en el aula, que conduce a no poder lavarse tras el ejercicio, ni refrescarse o beber agua, así como a malos olores, falta de intimidad, etc.
- Muchos centros tienen la oportunidad de acudir más o menos regularmente a instalaciones municipales, etc. En 2009, algunas comunidades autónomas han puesto en marcha el proyecto "Estadios Saludables de España", financiado por la Comunidad Europea. En una primera fase, las acciones consisten en la celebración de jornadas, charlas informativas y talleres de trabajo sobre alimentación, práctica deportiva y uso de medios de locomoción, que tendrán como principales destinatarios a tanto a usuarios como al conjunto de ciudadanos (R. A. M. D., 2009).

- Por su parte, la C. E. J. A. tiene editado el "**Manual de seguridad en los centros educativos**" (Roldán, 2002). Indica una serie de pautas a seguir tendente a la protección en las instalaciones escolares. Por ejemplo, los anclajes de las porterías, la posible corrosión de los componentes metálicos, la comprobación del estado de las instalaciones a principios de curso, la homologación en todos los materiales por la normativa europea, la recogida de aguas en los pavimentos, etc.

- En cualquier caso, debemos cuidar la limpieza, ventilación, temperatura en invierno y verano, humedad, iluminación, y estado de los espacios a usar. Especial cuidado en los vestuarios, con pavimentos anti deslizantes, evitar corrientes de aire, etc.

2.- **Material deportivo específico.**

- Debe adecuarse a la edad y a la evolución psicobiológica. Por ejemplo, no usar balones de adulto para la práctica deportiva escolar -Voleibol, Baloncesto, etc.- Es mejor jugar, de forma controlada, a actividades que requieran movimientos de los escolares, que realizar actividad deportiva reglada con material inadecuado (Balius y Pedret, 2013).

- Los **protectores** son necesarios en numerosas prácticas deportivas: rodilleras, guantes, coderas, etc. También incluimos la gorra para evitar insolaciones en espacios abiertos (Gil, 2006).

- En toda instalación debe existir un **botiquín** accesible. Debe contener: agua oxigenada, algodón, bolsas para hielo, esparadrapo; gasas estériles; cloruro de etilo (frío sintético); yodo; surtido de tiritas, termómetro, vendas, glucosa, férulas, pinzas, tijeras, etc. (Gil, 2006).

- En cualquier caso, debemos controlar el estado de los recursos.

3.- **Horario de la actividad**.

- Aunque es difícil, con un poco de buena voluntad podemos organizarlo de tal forma que las sesiones prácticas no sean tras los recreos, a primera hora en invierno o a última en verano, aunque todo cambia si tenemos polideportivos cubiertos adecuados. Las clases deben estar distribuidas equitativamente entre los cinco días hábiles de la semana y prever unos minutos para la higiene personal y cambio de ropa.

4.- **Metodología en el trabajo**.

- Tener muy en cuenta los tiempos destinados a calentamiento y vuelta a la calma, así como las 2h.-2h.1/2 entre la última ingesta importante y la clase. Por otro lado, tras períodos de ayuno de más de 3 horas, es conveniente antes de realizar una clase de Educación Física, tomar algún alimento fácilmente digerible y rico en hidratos de carbono, como una pieza de fruta (manzana, naranja, etc.). Y tras la práctica, es beneficioso facilitarles agua a temperatura ambiente. Sería importante hacer debates y **trabajos reflexivos** mediante el cuaderno del alumno, para que tomen conciencia de lo necesario que resultan los **calentamientos** y las **relajaciones**.

- No olvidar la individualización de las intensidades, no forzar y que las actividades sean las adecuadas al nivel medio del grupo, así como tener previstas las adaptaciones para el alumnado con menos nivel o que tenga algún tipo de discapacidad.

5.- **Cómo evitar riesgos corporales en las clases**.

- Es raro que una niña o un niño se lesione en una clase de Educación Física. Señalamos ahora las causas principales de lesiones (Gil, 2006):
    - Falta de conocimientos básicos del deporte practicado. Competiciones entre niños con desigualdad corporal.
    - No hacer calentamiento adecuado. No respetar las cargas apropiadas a la edad. No hacer al final unos minutos de estiramiento y relajación. No individualizar.
    - Audacia excesiva, exceso de confianza, imprudencia en la ejecución, no respetar al reglamento o competición entre alumnos muy desiguales.
    - Prácticas en ambientes excesivamente frío o caluroso, con terreno mojado, etc.
    - Falta de vigilancia del docente.
    - Entrenamiento precoz antes de estar completamente restablecido tras una enfermedad o lesión o no haber realizado anteriormente un control médico.
    - No mantener la distancia de seguridad en ejercicios masivos, sobre todo en los lanzamientos de balones medicinales y cubiertas de scooter.
    - Evitar ejercicios potencialmente negativos para la salud, como hiperflexión de rodillas, flexión total de cadera, cargas sobre la columna, etc.
    - Insistir en una correcta "**higiene y actitud postural**".

    Zagalaz, Cachón y Lara (2014), complementan lo anterior con:
    - Docente que se ausenta por cualquier motivo.
    - Lesiones en el "alumno-monitor" porque no tiene el nivel previsto.
    - Materiales que están en el patio y que provocan situaciones de riesgos: redes, ganchos, colchonetas en mal estado, etc.
    - Actividades inapropiadas en relación al espacio disponible: resbaladizo, con agujeros, etc.
    - Desconocer técnicas de primeros auxilios.

e) **El examen médico preventivo.** Afortunadamente todos los niños y niñas escolarizados disponen de un pediatra de cabecera que los conoce, siendo muy raro el caso de alguno al que se le descubre una enfermedad grave fuera del sistema sanitario habitual. Nos podemos encontrar con una serie de patologías permanentes o temporales. Ante ellas debemos adaptar el currículo (Gil, 2006).

4. AUTONOMÍA Y AUTOESTIMA.

Autonomía, autoestima, autoimagen, auto competencia y autoconfianza son conceptos que abundan en la Educación Motriz y que resultan muy interesantes por los beneficios que aportan (Ruiz Pérez -coord-, 2001).

Ciertamente hoy día son muchos los autores que señalan la existencia de una relación directa entre el desarrollo de las habilidades motrices y el aumento de la autoestima (Gil, 2003).

Ambos términos están íntimamente relacionados. "Autonomía" hay que entenderla en un contexto de **imagen corporal**, de forma externa, de ser capaz de hacer más cosas sin la ayuda de nadie. En cambio, "autoestima" tiene un significado de auto consideración y **auto aprecio**. Es, en suma, una actitud hacia uno mismo, el fruto de una larga y permanente secuencia de acciones que nos van configurando en el transcurso de nuestra vida. Así, la visión que un individuo tiene de sí mismo viene dada en gran parte por la valoración que han hecho las personas más importantes de su vida (padres y educadores).

Por ello tenemos que enseñar a cada niña y niño desde la infancia a descubrir su interior, lo mejor de su personalidad. Cuanto más lo consideremos como ser importante y digno de atención, y se sienta amado y aceptado, mejor autoconcepto tendrá (Zagalaz, Cachón y Lara, 2014).

Otros autores consideran también el término **identidad como** el conjunto de rasgos propios de un individuo o de una colectividad que los caracterizan frente a los demás. Si este concepto lo aplicamos a la persona, llegamos a la definición de que **identidad personal** es la conciencia que una persona tiene de ser ella misma y distinta a las demás. Implica una conciencia de la permanencia del yo (Serra y Zacarés, 1997).

El R. D. 126/2014 nos indica la importancia de la Educación Física en el logro de la **competencia motriz** del alumnado y, por lo tanto, en su autonomía y autoestima personal.

Así, tenemos: "*La asignatura de Educación Física tiene como finalidad principal desarrollar en las personas su competencia motriz, entendida como la integración de los conocimientos, los procedimientos, las actitudes y los sentimientos vinculados a la conducta motora fundamentalmente. Para su consecución no es suficiente con la mera práctica, sino que es necesario el análisis crítico que afiance actitudes, valores referenciados al cuerpo, al movimiento y a la relación con el entorno. De este modo, el alumnado logrará controlar y dar sentido a las propias acciones motrices, comprender los aspectos perceptivos, emotivos y cognitivos relacionados con dichas acciones y gestionar los sentimientos vinculados a las mismas, además de integrar conocimientos y habilidades transversales, como el trabajo en equipo, el juego limpio y el respeto a las normas, entre otras.*

Asimismo, la Educación Física está vinculada a la adquisición de competencias relacionadas con la salud través de acciones que ayuden a la adquisición de hábitos responsables de actividad física regular, y de la adopción de actitudes críticas ante prácticas sociales no saludables.

La competencia motriz evoluciona a lo largo de la vida de las personas y desarrolla la inteligencia para saber qué hacer, cómo hacerlo, cuándo y con quién en función de los condicionantes del entorno. Entre los procesos implícitos en la conducta motriz hay que destacar el percibir, interpretar, analizar, decidir, ejecutar y evaluar los actos motores. Entre los conocimientos más destacables que se combinan con dichos procedimientos están, además de los correspondientes a las diferentes actividades físicas, los relacionados con la corporeidad, con el movimiento, con la salud, con los sistemas de mejora de las capacidades motrices y con los usos sociales de la actividad física, entre otros. Y entre las actitudes se encuentran las derivadas de la valoración y el sentimiento acerca de sus propias limitaciones y posibilidades, el disfrute de la práctica y la relación con los demás."

4.1. AUTONOMÍA.

Se refiere a las situaciones de dependencia o independencia del alumno/a respecto a varios ámbitos: motricidad, inteligencia, moral, etc.

El objetivo prioritario de la Educación Física se encamina al desarrollo integral del individuo, a partir del progreso de su capacidad motriz y al aumento de su competencia (tanto cualitativa como cuantitativa) y cultura motriz, para el logro de una determinada autonomía personal. Hay que tener en cuenta que en la escuela hay niños y niñas que no tienen adquiridas las habilidades y destrezas básicas propias de su edad-nivel y que inciden negativamente en el aprendizaje escolar:

- Autocuidado: vestirse y desvestirse, así como ponerse y quitarse los zapatos
- Autodirección: orientación en la ubicación de sus pertenencias, juguetes, autorregularse en el comportamiento, realización de tareas, etc.
- Autorrealización de aprendizajes escolares: lecto-escritura, cálculos, etc.
- Uso de utensilios habituales en alimentación e higiene
- Prevención de accidentes. Mantenimiento de la salud, evitar situaciones de riesgo
- Orientación para desplazarse a sitios próximos
- Interacciones sociales. Ocio adecuado.

En todo lo anterior tiene un importante papel la calidad de su conocimiento **corporal**, nivel de **habilidad** perceptivo-motriz, grado de desarrollo de las capacidades coordinativas, etc. que tiene cada niña o niño.

Tenemos numerosas formas de trabajar estos aspectos dentro de nuestra área. Por ejemplo:

- **Expresión Corporal**. Mejora la espontaneidad y creatividad, influyendo positivamente en la autonomía y confianza.
- Las actividades en el **Medio Natural** favorece el desarrollo de la **autonomía** personal.
- El **Juego** en general mejora todos los aspectos perceptivo-motrices.

- Desde un punto de vista **metodológico**, debemos usar estilos de enseñanza basados en la participación del alumno en el proceso (**estilos participativos**). Estos estilos favorecen la autonomía e iniciativa del alumnado.

4.2. AUTOESTIMA.

La autoestima la define Pastor (2007) diciendo que "*es la valoración que, de sí mismo, realiza el individuo como consecuencia de una actuación correcta, competente e inteligente*".

La autoestima es la percepción valorativa habitual que tenemos de nosotros mismos, de nuestra manera de ser, de quienes somos, del conjunto de rasgos corporales, mentales y espirituales que configuran la propia personalidad. Es el factor más influyente en el **auto concepto**, que es esa imagen completa de lo que pensamos que somos, de lo que creemos que otros piensan de nosotros, de lo que nos gustaría ser, y de lo que pensamos que podemos conseguir (Muritu, Román y Gutiérrez, 1996). En la autoestima tiene un papel importante la acción del docente.

Zagalaz, Cachón y Lara (2014), resumen que autoconcepto es la idea que tenemos de nosotros mismos, a partir de la cual construimos la autoestima, que añade un componente afectivo a dichas creencias. Ambas permiten el bienestar y satisfacción personal.

El área se **orienta** a crear hábitos de práctica de la actividad física y deportiva saludable, regular y continuada a lo largo de la vida, así como a sentirse bien con el propio cuerpo y la alimentación sana, lo que constituye una valiosa ayuda en la mejora de la **autoestima** (R. D. 126/2014).

La persona se auto percibe en función de lo que ella cree de sí misma y también de las comparaciones que hace de sí mismo con respecto de las demás, así como lo que los otros le transmiten acerca de sí mismo (Alcántara, 1993).

La autoestima constituye un **núcleo** básico de la **personalidad**. Se aprende, fluctúa y la podemos mejorar. A partir de los 5-6 años es cuando empezamos a formarnos un concepto de cómo nos ven nuestros seres queridos y entorno, además de las experiencias que vamos adquiriendo.

El nivel de autoestima es el responsable de muchos éxitos y fracasos escolares. La génesis de la autoestima que cada individuo posee -positiva o negativa- tiene básicamente un origen social. Nosotros podemos influir desde nuestra posición, sobre todo desde el área de Educación Física.

Existen una serie de factores que influyen en la **evolución** de la autoestima:

- Desde pequeños se ven en los demás como en un espejo y acaban acomodándose a lo que otras personas esperan de él o ella.
- Las experiencias anteriores de éxito o fracaso que ha tenido el sujeto, muchas de ellas relacionadas con su capacidad motriz, con su nivel de habilidad. La confianza en sus posibilidades ante una determinada actividad depende no sólo de la situación real y objetiva, sino de cómo el sujeto ve dicha situación.
- La imagen corporal que un niño o niña tiene de sí puede condicionar su autoestima total. De ahí la importancia de los medios de comunicación en la creación de un modelo o canon estético y del que se benefician las casas comerciales a través de la publicidad. Por ejemplo, no tener determinados

modelos, marcas... o cuerpo puede dar lugar, sobre todo al final de la Etapa a multitud de conflictos y complejos.

Una **elevada** autoestima potencia la capacidad de la persona para desarrollar sus habilidades y aumenta su nivel de seguridad. Además:

- Favorece el aprendizaje y fundamenta la responsabilidad
- Ayuda a superar las dificultades personales y tolerará las frustraciones
- Desarrolla la creatividad y capacidad para afrontar nuevos retos
- Estimula la autonomía personal y disfrute de sus logros
- Posibilita una relación social saludable y garantiza la proyección futura de la persona

Un **bajo nivel** de autoestima enfocará a la persona hacia la derrota y el fracaso:

- Infravalorará su inteligencia y pensará que los demás le minusvaloran
- Tendrá problemas motores y de expresión, así como actitudes defensivas
- Se dejará influir fácilmente por los demás y no tolerará la más mínima frustración

Su déficit provoca inseguridad y, para paliarlo, la motricidad lúdica tiene gran protagonismo ya que su práctica metódica afecta positivamente a la inteligencia y rendimiento escolar en general.

Por todo ello, la práctica de actividad física curricular y extracurricular no sólo constituye una medida higiénica favorecedora de salud física y mental, sino que va imprimiendo una huella a modo de la valoración de sí mismo, de la autoestima del cuerpo. Esto viene dado por las propias características de la actividad física-deportiva: el placer de la realización, el desarrollo de la capacidad de esfuerzo y de lucha contra sí mismo, la regulación del régimen de vida, sueño, y alimentación. Además proporciona sensaciones de bienestar y seguridad, la oportunidad de relacionarse con otros, relajarse de las tensiones e inquietudes diarias, incrementa la confianza en sí y en la propia autonomía-imagen corporal.

El **juego** psicomotor es un excelente medio que repercute en el "yo corporal", libera energía y fomenta la expresión. No olvidemos que la actividad física en general impulsa actitudes positivas, facilita los aprendizajes y devuelve la confianza. El individuo que realiza ejercicio metódico tiene una mentalidad y una actitud que le hace encarar positivamente las dificultades y otros aspectos cotidianos que influyen sobre su salud (dietéticos, higiénicos, etc.).

Es fácil observar cómo los practicantes de actividades físico-deportivas y recreativas de forma regular, reflejan el efecto favorable que ello tiene sobre su cuerpo exterior e interior tanto a corto como a largo plazo. Alumnos y alumnas con mayor competencia motriz muestran una disposición mayor para el aprendizaje y la acción que les permite progresar con más rapidez y en general se muestran más habilidosos y habilidosas para resolver problemas motores, espaciales, etc. Ello trae consigo un afianzamiento en su autonomía y autoestima. Una alumna o alumno con mayor seguridad en sí mismo, trae como consecuencia que tenga una respuesta más autónoma.

En **resumen**, el rol de la escuela y, en concreto, del Área de Educación Física, será trabajar la autoestima a través del conocimiento y aceptación del propio cuerpo y de sí mismo, de sus capacidades, posibilidades y limitaciones motrices. También promover el conocimiento y aceptación de las capacidades, posibilidades y limitaciones de los demás, es decir, el respeto a "las diferencias" como un valor que nos enriquece y nos humaniza.

CONCLUSIONES

El concepto de salud tradicional ha evolucionado en las últimas décadas hacia una dimensión mucho más amplia, donde algunos autores hablan de salud dinámica, siendo la aptitud física, bienestar y calidad de vida los que adquieren un papel protagonista. La práctica de la actividad física, la creación de hábitos, supone un objetivo primordial en la Educación Obligatoria y Post-Obligatoria. La salud tiene en Primaria un tratamiento desde varios niveles: objetivos de Etapa y Área, Elementos Transversales, otras áreas, evaluación, etc.

La Educación Física en las edades de escolarización debe tener una presencia importante en la jornada escolar si se quiere ayudar a paliar el sedentarismo, que es uno de los factores de riesgo identificados, que influye en algunas de las enfermedades más extendidas en la sociedad actual. Los niveles que la Educación Física plantea tienen que adecuarse al nivel de desarrollo de las alumnas y de los alumnos, teniendo siempre presente que la conducta motriz es el principal objeto de la asignatura y que en esa conducta motriz deben quedar aglutinados tanto las intenciones de quien las realiza como los procesos que se pone en juego para realizarla.

No podemos olvidar la higiene, la utilización de los espacios, uso de materiales y ropa y calzado correctos, etc. El alumno que posee un nivel motor adecuado suele tener una autonomía y autoestima superior.

BIBLIOGRAFÍA

- ALCÁNTARA, J. A. (1993). *Cómo educar la Autoestima.* CEAC. Barcelona.
- ARCHANCO, Mª T. y GARCÍA, C. (2006). *Necesidad de un control de salud inicial y periódico.* En "Actas del IV Congreso Nacional "Deporte en la Edad Escolar". P. M. D. Ayuntamiento de Dos Hermanas (Sevilla).
- ARUFE, V.; DOMÍNGUEZ, A.; GARCÍA SOIDÁN, J. L. y LERA, A. (2008). *Ejercicio físico, Salud y Calidad de Vida.* Wanceulen. Sevilla.
- BALIUS, R. y PEDRET, C. (2013). *Lesiones musculares en el deporte.* Panamericana. Madrid.
- BARBANY, J. R. (2002). *Fisiología del ejercicio físico y del entrenamiento.* Paidotribo. Barcelona.
- BERNAL, J. A. -coord.- (2005). *La nutrición en la educación física y el deporte.* Wanceulen. Sevilla.
- CALDERÓN, F. J. (2012). *Fisiología humana. Aplicación a la actividad física.* Panamericana. Madrid.
- CAÑIZARES, J. Mª y CARBONERO, C. (2006). *Temario de oposiciones de Educación Física para Primaria.* Wanceulen. Sevilla.

- CASIMIRO, A. J. (2002). *Hábitos deportivos y estilo de vida de los escolares almerienses*. Servicio de publicaciones Universidad de Almería.
- CONTRERAS, O. R. y GARCÍA, L. M. (2011). *Didáctica de la Educación Física. Enseñanza de los contenidos desde el constructivismo*. Síntesis. Madrid.
- DE LA CRUZ, J.C. (1989a). *Desarrollo anatomo-fisiológico-motor del niño y adolescente*. En Antón, J. L. (coord.) *Entrenamiento Deportivo en la edad escolar*. Unisport. Málaga.
- DE LA CRUZ, J.C. (1989b). *Higiene de la actividad física en edad escolar*. En Rivas, J. (coord.) *Educación para la salud en la práctica deportiva escolar*. Unisport. Málaga.
- DELGADO, M. y TERCEDOR, P. (2002). *Estrategias de intervención en educación para la salud desde la Educación Física*. INDE. Barcelona.
- DELGADO, M., GUTIÉRREZ, A. y CASTILLO, Mª J. (2004). *Entrenamiento físico-deportivo y alimentación*. (3ª edición). Paidotribo. Barcelona.
- DELGADO, M., TERCEDOR, P. y TORRE, E. (2008). *Métodos y técnicas para el conocimiento y mejora de la comunicatividad y expresividad personal y sus repercusiones en la calidad de vida*. En CUÉLLAR, Mª J. y FRANCOS, Mª C. *Expresión y comunicación oral*. Wanceulen. Sevilla.
- DELGADO, M.; DELGADO, P. y TERCEDOR, P. (2008b). *Calidad de vida y desarrollo del conocimiento personal a través de la expresión y comunicación corporal*. En CUÉLLAR, M. J. y FRANCOS, M. C. *Expresión y comunicación corporal*. Wanceulen. Sevilla.
- DEVÍS, J. (coord.) (2000). *Actividad física, deporte y salud*. INDE. Barcelona.
- DEVÍS, J. y PEIRÓ, C. (2001). *Fundamentos para la promoción de la actividad física relacionada con la salud*. En: DEVÍS, J. (coor.). *La Educación Física, el Deporte y la Salud en el siglo XXI*. Marfil. Alicante.
- FERNÁNDEZ DEL OLMO, M. A. (2012). *Neurofisiología aplicada a la actividad física*. Síntesis. Madrid.
- FERNÁNDEZ GARCÍA, E. (coord.) (2002). *Didáctica de la Educación Física en la Educación Primaria*. Síntesis. Madrid.
- FERNÁNDEZ GARCÍA, B. (2011). *Prescripción del ejercicio físico para la prevención y tratamiento de la enfermedad*. Wanceulen. Sevilla.
- FRAILE, A. (2000). *La Educación para la Salud. Tema Transversal en Educación Primaria*. Actas del II Congreso Internacional de Educación Física. U. G. T. Jerez de la Frontera.
- GALLARDO, P. y RODRÍGUEZ, A. (2007). *La actividad física como fuente de salud y calidad de vida*. Wanceulen. Sevilla.
- GARCÍA SODIÁN, J. L. y PERAZA, F. (2009). *Bases para una óptima nutrición en el joven deportista*. En ARUFE, V. y otros. *Entrenamiento en niños y jóvenes deportistas*. Wanceulen. Sevilla.
- GARCÍA SODIÁN, J. L. y SAA, M. (2009). *Los hábitos nutricionales y la actividad física para la salud, desde una perspectiva de la escuela y la sociedad*. En ARUFE, V. y otros. *La Educación Física en la sociedad actual*. Wanceulen. Sevilla.
- GAROZ, I. y MALDONADO, A. (2004). *Salud, estilos de vida, actividad física y evaluación*. En HERNÁNDEZ, J. L. Y VELÁZQUEZ, R. (coord.) *Evaluación de la enseñanza: análisis y propuestas*. Graó. Barcelona.

- GARROTE, N. y LEGIDO, J. C. (2005). *Actividad física-educación física-salud.* En GUILLÉN, M. (coord.) *El ejercicio físico como alternativa terapéutica para la salud.* Wanceulen. Sevilla
- GIL, P. (2003). *Animación y dinámica de grupos deportivos.* Wanceulen. Sevilla.
- GIL, P. (2003). *Desarrollo psicomotor en Educación Infantil.* Wanceulen. Sevilla.
- GIL, P. (2006). *Primeros Auxilios en Animación Deportiva.* Wanceulen. Sevilla.
- GÓMEZ MORA, J. (2003). *Fundamentos biológicos del ejercicio físico.* Wanceulen. Sevilla.
- GÓMEZ, C.; PUIG, N. y MAZA, G. (2009). *Deporte e integración social.* INDE. Barcelona.
- GUILLÉN, M. y otros (2009). *Nutrición deportiva para el alto rendimiento.* En GUILLÉN, M. y ARIZA. L. *Las Ciencias de la Actividad Física y el Deporte como fundamento para la práctica deportiva.* U. de Córdoba.
- GUTIÉRREZ, M. (2015). *Fundamentos de biomecánica deportiva.* Síntesis. Madrid.
- HERRADOR, J. A. (2015). *Riesgos laborales en Educación Física: prevención de accidentes y lesiones.* Formación Alcalá. Jaén.
- JUNTA DE ANDALUCÍA (2001). *Decreto 281/2001, de 26 de diciembre de 2001, por el que se regula la prestación asistencial dental a la población de 6 a 15 años de la Comunidad Autónoma de Andalucía.* B. O. J. A. nº 150, de 31/12/2001.
- JUNTA DE ANDALUCÍA (2010). *Orden de 03 agosto de 2010, por la que se regulan los servicios complementarios de la enseñanza de aula matinal, comedor escolar y actividades extraescolares en los centros docentes públicos, así como la ampliación de horario.* BOJA núm. 158 de 12/08/2010.
- JUNTA DE ANDALUCÍA (2008). O. de 25 de julio de 2008, por la que se regula la atención a la diversidad del alumnado que cursa la educación básica en los centros docentes públicos de Andalucía, B. O. J. A. nº 167, de 22/08/2008.
- JUNTA DE ANDALUCÍA (2007). *Ley 17/2007, de 10 de diciembre, de Educación de Andalucía (L. E. A.).* B. O. J. A. nº 252, de 26/12/07.
- JUNTA DE ANDALUCÍA (2002). *Decreto 137/2002, de 30/04/02. "Plan de Apoyo a las Familias Andaluzas".* B.O.J.A. nº 52 de 04/05/2002.
- JUNTA DE ANDALUCÍA (2006). *Orden de 15 de mayo de 2006, por la que se establecen las bases para impulsar la investigación educativa en los centros docentes públicos de la Comunidad Autónoma de Andalucía dependientes de la Consejería de Educación.*
- JUNTA DE ANDALUCÍA (2006). *Orden de 1 de septiembre de 2006, por la que se modifica la de 27 de mayo de 2005, por la que se regula la organización y el funcionamiento de las medidas contempladas en el plan de apoyo a las familias andaluzas relativas a la ampliación del horario de los Centros docentes públicos y al desarrollo de los servicios de aula matinal, comedor y actividades extraescolares.* B.O.J.A. nº 185, de 22/09/2006.
- JUNTA DE ANDALUCÍA (2007). *Resolución de 10/04/2007, de la D. G. de Innovación Educativa y Formación del Profesorado, por la que se aprueban Proyectos de Investigación Educativa y se conceden subvenciones.* B. O. J. A. nº 87 de 04/05/2007.

- JUNTA DE ANDALUCÍA (2010). *Decreto 328/2010, de 13 de julio, por el que se aprueba el Reglamento Orgánico de las escuelas infantiles de segundo grado, de los colegios de educación primaria, de los colegios de educación infantil y primaria, y de los centros públicos específicos de educación especial.* BOJA nº 139, de 16/07/2010.

- JUNTA DE ANDALUCÍA (2010). *Orden de 20 de agosto de 2010, por la que se regula la organización y el funcionamiento de las escuelas infantiles de segundo ciclo, de los colegios de educación primaria, de los colegios de educación infantil y primaria, y de los centros públicos específicos de educación especial, así como el horario de los centros, del alumnado y del profesorado.* BOJA nº 169, de 30/08/2010.

- JUNTA DE ANDALUCÍA (2015). *Orden de 17 de marzo de 2015, por la que se desarrolla el currículo correspondiente a la educación Primaria en Andalucía.* BOJA nº 60 de 27/03/2015.

- JUNTA DE ANDALUCÍA (2015). *Decreto 97/2015, de 3 de marzo, por el que se establece la ordenación y el currículo de la educación Primaria en la comunidad Autónoma de Andalucía.* BOJA nº 50 de 13/013/2015.

- JUNTA DE ANDALUCÍA (2002). Decreto 147/2002, de 14 de mayo. Ordenación de la atención de alumnado con necesidades educativas especiales. BOJA nº 58, de 18/05/02.

- LAVEGA, P. y otros (2010). *Juegos tradicionales y salud social.* A. C. La Tanguilla. Aranda del Duero (Burgos).

- LEIVA, J. J. (2012). *Educación Intercultural y convivencia en la escuela inclusiva.* Ediciones Aljibe. Málaga.

- LÓPEZ CHICHARRO, J. y otros (2013). *Fisiología del Entrenamiento Aeróbico.* Panamericana. Madrid.

- LÓPEZ MIÑARRO, P. A. (2000). *Ejercicios desaconsejados en la actividad física.* INDE. Barcelona.

- LÓPEZ MIÑARRO, P. A. (2002). *Mitos y falsas creencias en la práctica deportiva.* INDE. Barcelona.

- LÓPEZ MIÑARRO, P. A. (2010). *Actividad física para la salud.* Diego Marín Librero-Editor S. L. Murcia.

- LLORET, M. (2003). *Anatomía aplicada a la actividad física y deportiva.* Paidotribo. Barcelona.

- MÁRQUEZ, S. y GARATACHEA, N. (2010). *Actividad Física y Salud.* Díaz de Santos. Madrid.

- MARTÍN, A. y ORTEGA, R. (2002). *Actividad física y salud.* En GUILLÉN, M. y LINARES, D. (coords.). *Bases biológicas y fisiológicas del movimiento humano.* Médica Panamericana. Madrid.

- M. E. C. (2006). Ley Orgánica 2/2006, de 3 de mayo, de Educación (L. O. E.). B. O. E. nº 106, de 04/05/2006, modificada en algunos artículos por la LOMCE/2013.

- M. E. C. *ECD/65/2015, O. de 21 de enero, por la que se describen las relaciones entre las competencias, los contenidos y los criterios de evaluación de la educación primaria, la educación secundaria obligatoria y el bachillerato.* B.O.E. nº 25, de 29/01/2015.

- M.E.C. (2013). *Ley Orgánica 8/2013, de 9 de diciembre, para la mejora de la calidad educativa.* BOE Nº 295, de 10/12/2013.

- M.E.C. (2014). *R. D. 126/2014, de 28 de febrero, por el que se establece el currículo básico de la Educación Primaria.* B.O.E. nº 52, de 01/03/2014.
- M.E.C. y M. de Sanidad. (2009). *Ganar en salud en la escuela. Guía para conseguirlo.* Madrid.
- MENDOZA, R., SAGRERA, M. R. y BATISTA, J. M. (1994). *Conductas de los escolares españoles relacionadas con la salud.* C. S. I. C. Madrid.
- MURITU, G.; ROMÁN, J. M.; y GUTIÉRREZ, M. (1996). *Educación familiar y socialización de los hijos.* Idea Books. Barcelona.
- NARANJO, J. y CENTENO, R. (2000). *Bases fisiológicas del entrenamiento deportivo.* Wanceulen. Sevilla.
- NAVAS, F. J. y otros. (2001). *Anatomía del movimiento y urgencias en el deporte.* Gymnos. Madrid.
- NAVARRO, V. (2007). *Tendencias actuales de la Educación Física en España. Razones para un cambio.* (1ª y 2ª parte). Revista electrónica INDEREF. Editorial INDE. Barcelona. http://www.inderef.com
- ORTEGA, R., SIERRA, A. y GARCÍA, J. L. (2002). *Nutrición en la actividad física.* En GUILLÉN, M. y LINARES, D. (coords.). *Bases biológicas y fisiológicas del movimiento humano.* Médica Panamericana. Madrid.
- ORTEGA, P. (2013). *Educación Física para la salud.* INDE. Barcelona.
- PACHECO, M. J. (2003). *Los contenidos referidos a la condición física y su orientación en la Educación Primaria.* En SÁNCHEZ BAÑUELOS, F. y FERNÁNDEZ GARCÍA, E. -coords.- *Didáctica de la Educación Física para Primaria.* Prentice Hall. Madrid.
- PASTOR, J. L. (coord.) (2007). *Salud, estado de bienestar y actividad física.* Wanceulen. Sevilla.
- PASTOR, J. L. (coord.) (2007). *Motricidad.* Wanceulen. Sevilla.
- PAZOS, J. M. y ARAGUNDE, J. L. (2000). *Educación postural.* INDE Barcelona.
- PINO, M. y ROMO, V. (2009). *Educación Física y salud en la escuela. Determinación de sus variables curriculares.* En ARUFE, V. y otros. *La Educación Física en la sociedad actual.* Wanceulen. Sevilla.
- PIÑEIRO, R. (2006a). *La fuerza y el sistema muscular.* Wanceulen. Sevilla.
- PIÑEIRO, R. (2006b). *La resistencia y el sistema cardiorrespiratorio.* Wanceulen. Sevilla.
- R. A. M. D. (2009). *Proyecto Estadios Saludables en España.* Revista Andaluza de Medicina del Deporte. Volumen 2, número 2. Junio de 2009. Sevilla.
- RIBAS, J. (coord.) (1990). *Educación para la Salud en la Práctica Deportiva Escolar.* Unisport. Málaga.
- RIVADENEYRA, M. L. (Coord.). (2003). *Desarrollo de la motricidad.* Wanceulen. Sevilla.
- RODRIGUEZ, P. L.; SANTONJA, F.; DELGADO, M. (1999). *La postura corporal. Intervención en Educación Física escolar.* En SÁENZ, P.; TIERRA, J. y DÍAZ, M. Actas del XVII Congreso Nacional de Educación Física. Volumen II. Universidad de Huelva.
- RODRÍGUEZ GARCÍA, P. L. (2006). *Educación Física y Salud en Primaria.* INDE. Barcelona.

- ROLDÁN, C. (2002) (Coord.). *Manual de seguridad en los centros educativos.* C. E. J. A. Sevilla.

- ROSILLO, S. (2010). *Contraindicaciones. Plan educativo de adquisición de hábitos de vida saludable en la educación.* Procompal. Almería.

- RUIZ FERNÁNDEZ, J. (2006). *Plan para la Promoción de la Actividad Física y la Alimentación Equilibrada 2004-2008.* Actas del IV Congreso Nacional Deporte en Edad Escolar. Ayuntamiento de Dos Hermanas.

- RUIZ PÉREZ, L. M. (coord.) (2001). *Desarrollo, comportamiento motor y deporte.* Síntesis. Madrid.

- SÁNCHEZ BAÑUELOS, F. (1996). *La actividad física orientada hacia la salud.* Biblioteca Nueva. Madrid.

- SÁNCHEZ BAÑUELOS, F. (2003). *El desarrollo de la competencia motriz en los estudiantes.* En SÁNCHEZ BAÑUELOS, F. y FERNÁNDEZ GARCÍA, E. -coords.-. *Didáctica de la Educación Física.* Prentice Hall. Madrid.

- SARASÚA, M. (2010). *Los hábitos saludables y su relación con el currículo de la educación secundaria obligatoria.* Wanceulen. Sevilla.

- SERRA, E. y ZACARÉS, J. (1997). *La madurez personal: perspectivas desde la psicología.* Ediciones Pirámide. Madrid.

- SIERRA, A. (2003). *Actividad Física y Salud en Primaria.* Wanceulen. Sevilla.

- TERCEDOR, P. (2001). *Actividad Física, Condición Física y Salud.* Wanceulen. Sevilla.

- TIMÓN, L. M. y HORMIGO, F. (2010). *La salud en la escuela.* Wanceulen. Sevilla.

- URDAMPILLETA, A. y RODRÍGUEZ, V. M. (2014). *Nutrición y dietética para la actividad física y el deporte.* Netbiblo. A Coruña.

- VV. AA. (1998). *Problemas de Salud en la práctica físico-deportiva.* Wanceulen. Sevilla.

- ZAGALAZ, Mª L.; CACHÓN, J.; LARA, A. (2014). *Fundamentos de la programación de Educación Física en Primaria.* Síntesis. Madrid.

WEBGRAFÍA (Consulta en octubre de 2015).

http://www.agrega2.es
http://recursos.cnice.mec.es/edfisica/
http://www.ite.educacion.es/es/recursos
www.juntadeandalucia.es/educacion/descargasrecursos/curriculo-primaria/index.html
http://www.guiaderecursos.com/webseducativas.php
http://www.adideandalucia.es
http://www.agrega2.es

www.ingramcontent.com/pod-product-compliance
Lightning Source LLC
Chambersburg PA
CBHW080456170426
43196CB00016B/2835